LETIN DE L'UNIVERSITÉ DE TOULOUSE

(N° 15)

PROJET
D'EXPOSITION ET DE CONGRÈS
ANTIALCOOLIQUE ET ANTITUBERCULEUX

POUR

LES QUATRE UNIVERSITÉS DU MIDI

AIX-MARSEILLE — BORDEAUX — MONTPELLIER — TOULOUSE

RAPPORT

PRÉSENTÉ

AU CONSEIL DE L'UNIVERSITÉ DE TOULOUSE

Le 7 janvier 1902

Par M. E. DOUMERGUE
Professeur.

TOULOUSE
IMPRIMERIE ET LIBRAIRIE ÉDOUARD PRIVAT
Librairie de l'Université.

1902

PROJET

D'EXPOSITION ET DE CONGRES

ANTIALCOOLIQUE ET ANTITUBERCULEUX

POUR

LES QUATRE UNIVERSITÉS DU MIDI

AIX-MARSEILLE — BORDEAUX — MONTPELLIER — TOULOUSE

RAPPORT

PRÉSENTÉ

AU CONSEIL DE L'UNIVERSITÉ DE TOULOUSE

Le 7 janvier 1902

PAR M. E. DOUMERGUE

Professeur.

TOULOUSE

IMPRIMERIE ET LIBRAIRIE ÉDOUARD PRIVAT

Libraire de l'Université

—

1902

Messieurs,

Je dois enfin vous apporter les résultats de la triple enquête antialcoolique que vous avez instituée dans le ressort de notre Académie.

I.

1) La première enquête a porté sur les ligues cadettes, la date de leur fondation, leur répartition selon les départements et les inspections primaires.

La ligue cadette, fondée la première dans l'Académie, est celle de Horgues (Hautes-Pyrénées); elle date de 1887. Ce chiffre de 1887 est singulièrement vénérable : il remonte presque, dans l'histoire de l'antialcoolisme, à l'époque préhistorique. Aussi faut-il attendre huit ans pour voir apparaître deux autres ligues cadettes, en 1895. Une quatrième est fondée en 1896, une cinquième en 1897, avant le mois de mars.

Après le mois de mars, 193 ligues apparaissent en 1897, 228 en 1898, 36 en 1899, 43 en 1900 et 83 en 1901 ; en tout 588 ou, d'après une statistique plus récente et rectifiée, 621.

Ces 621 ligues se répartissent, par départements, comme suit :

Lot : 263 ligues sur 703 écoles (soit 34,8 0/0), avec 5,169 membres sur 23,692 enfants.

Tarn : 150 ligues sur 764 écoles (soit 20,8 0/0), avec 1,526 membres sur 29,175 enfants.

Haute-Garonne : 140 ligues sur 927 écoles (soit 15,1 %), avec 4.478 membres sur 38.113 enfants.

Tarn-et-Garonne : 20 ligues sur 435 écoles (soit 4,5 %), avec 500 membres sur 15.650 enfants.

Aveyron : 24 ligues sur 1,209 écoles (soit 1,9 %), avec 800 membres sur 47,145 enfants.

Ariège : 14 ligues sur 702 écoles (soit 1,9 %), avec 687 membres 25,491 enfants.

Gers : 5 ligues sur 717 écoles (soit 0,6 %), avec 137 membres sur 19,812 enfants.

Hautes-Pyrénées : 5 ligues sur 724 (soit 0.6 %), avec 155 membres sur 22,616 enfants.

Donc, 621 ligues sur 6,181 écoles (soit 10 %), avec 13,452 membres sur 221,694 enfants, soit 6 %.

Et voici la répartition des 621 ligues par inspections primaires :

9 inspections ont plus de 20 ligues cadettes : Cahors II, 166; Albi, 145; Cahors I, 72; Saint-Gaudens II, 37; Muret, 24; Toulouse (ville), Villefranche (Haute-Garonne), Millau, Figeac, 23.

4 inspections ont moins de 20 ligues et plus de 10 : Toulouse I, 19; Saint-Gaudens I, Lavaur, 14; Tarn-et-Garonne I, 11.

4 inspections ont moins de 10 ligues et plus de 2 : Tarn-et-Garonne II, 9; Tarascon, 8; Gaillac, 5; Pamiers, 3.

5 en ont 2 : Gourdon, Foix, Lectoure, Bagnères, Arreau.

6 en ont 1 : Mirande, Saint-Girons, Auch, Condom, Decazeville, Tarbes.

7 en ont 0 : Castres, Brassac, Rodez, Espalion, Saint-Affrique, Villefranche (Aveyron), Argelès.

Ces chiffres provoquent certaines réflexions.

La première, c'est que 614 ligues s'étant créées depuis cinq ans, après le mois de mars 1897, tandis que 7 ligues seulement s'étaient créées en dix ans, avant le mois de mars 1897, il faut que ce mois de mars ait été la date de quelque étrange et mystérieux phénomène. En effet, il a été la date des... arrêtés ministériels relatifs à la lutte contre l'alcoolisme : l'administration a parlé! — En vérité, Messieurs, la baguette magique de nos modernes prestidigitateurs, la baguette plus magique encore de nos vieilles fées, n'est rien comparée à la baguette magique dont dispose l'administration. Cette baguette a beau n'être qu'un vulgaire porte-plume, il s'agite, et les éléments du chaos s'organisent! Il paraphe, et déjà la chose a son existence! On comprend le respect un peu superstitieux qu'inspire à tant de nos concitoyens cet être qu'on appelle un administrateur, et qui est si souvent, en effet, le bon ou le mauvais génie de notre patrie française. En tout cas, quelle responsabilité est la sienne!

La seconde réflexion, c'est qu'une différence de 34,8 à 0,6 0/0, et une différence de 166 à 0, sont véritablement énormes, et absolument inexplicables par des raisons simplement géographiques. Certes, en la matière, il ne faut point user de contrainte, et je serais très fâché que mon admiration pour les baguettes magiques fît croire que mon désir est de voir la campagne antialcoolique menée « à la baguette ». Ce n'est pas une raison cependant pour que MM. les Inspecteurs d'Académie et MM. les Inspecteurs primaires s'abstiennent de certains conseils. Et il n'y aurait ni mal ni scandale si ces conseils étaient un peu suivis.

En effet, il reste encore des progrès à faire.

Sans doute, 681 ligues avec 13,452 membres, c'est fort joli. Ce qui l'est moins, c'est le revers de cette même médaille : 5,560 écoles et 208,000 enfants sans ligues.

D'autre part, 83 ligues de filles pour 1,409 écoles et 71,000 filles, ce n'est pas davantage suffisant. — Aucun lycée de jeunes filles ne possède de ligues, ni aucune école normale d'institutrices. Les lycées et les collèges de garçons suivent, un peu lentement, l'exemple donné par le lycée de Toulouse, qui n'avait attendu, lui, l'appel ni du Ministre ni du Conseil. Cependant, Albi et Foix se sont ébranlés, puis Montauban, et nous voici à 4 ligues pour 8 lycées. Mais 3 collèges seulement (Pamiers, Saint-Girons, Castelsarrasin), sur 15, ont des ligues. Rien dans aucune école normale d'instituteurs. L'école normale de Montauban a une ligue dans l'école annexe. Dans les cinq Facultés, une seule ligue à Montauban.

Il faudrait cependant arriver à comprendre que l'avenir de la lutte antialcoolique est entre les mains des femmes, comme l'avenir de notre race. — Il faudrait arriver à comprendre que si instituteurs et institutrices veulent prendre part à la lutte, quand ils seront sur le champ de bataille, il faut qu'ils s'arment et s'exercent pendant les années de leur préparation, sans quoi la défaite est presque certaine. — Il faudrait surtout arriver à comprendre que les collèges, les lycées et les Facultés sont tenus de donner l'exemple, qu'ils ne peuvent se désintéresser des luttes sociales, et laisser au petit peuple des villes et des campagnes le soin de faire fleurir la vertu et la santé dans la patrie. Les classes dites dirigeantes consulteraient aussi mal leur intérêt que leur devoir en devenant peu à peu un poids mort que la société traîne, jusqu'au jour où elle le rejettera. Il le faudrait... C'est dire que le but est loin et que le champ reste ouvert à nos efforts et à notre persévérance.

2) La seconde enquête avait pour but de savoir quelles écoles possédaient un mobilier scolaire antialcoolique quelconque.

2,549 écoles ont un matériel antialcoolique, lequel peut, il est vrai, consister en un simple calendrier. Il y a des cahiers à couververture antialcoolique dans 1,392 écoles, des livres dans 960, des traités dans 868, des tableaux dans 657, des bons points antialcooliques dans 549, des appareils à projection dans 208, des graphiques dans 46.

3,632 écoles, beaucoup plus de la moitié (3,600 contre 2,500), ne possèdent rien. Elles ne peuvent pas même adopter la formule suivante, qui semble devoir être reproduite, tellement elle est typique :

« Monsieur l'Inspecteur, j'ai l'honneur de vous informer que l'école primaire supérieure de C... ne possède ni livres, ni tableaux ou appareils destinés à l'enseignement ou à la propagande antialcoolique. Traités, néant; livres, néant; tableaux, néant; graphiques, néant; appareils de projection, néant, etc., etc. Fait-on usage de bons points antialcooliques? néant; de cahiers à couverture antialcoolique? oui. » — Donc 3,632 écoles possèdent encore moins : décidément c'est trop peu.

Je me bornerai à constater que l'objet antialcoolique, en somme le plus cher, le plus difficile à se procurer, est presque celui qui existe le plus souvent, l'appareil à projection, et que l'objet le plus simple, qui ne coûterait rien et ne serait pas le moins instructif, le graphique, est celui qui est le plus rare.

Ici encore il y a donc possibilité et, par conséquent, devoir, d'opérer de sérieuses améliorations.

3) Enfin, la troisième enquête a consisté à demander aux instituteurs et aux institutrices pourquoi et comment il fallait fonder des ligues cadettes, quelles étaient les difficultés et les moyens de les

surmonter, et, en particulier, quelles objections soulevaient l'engagement des enfants, avec les réponses faites par la psychologie et la pédagogie à ces objections. — Cette enquête-là a très utilement revêtu la forme d'un concours.

En conséquence, nous avons reçu neuf mémoires, que je n'ai point à juger ni à classer en ce moment. Un jury spécial le fera et son jugement vous sera communiqué. Mais je puis bien dire tout de suite que plusieurs de ces mémoires sont extrêmement intéressants, et ont pleinement réalisé les espérances qui avaient provoqué le concours lui-même. « En réunissant, disions-nous alors, en combinant les traités, composés par ceux qui ont été jusqu'ici les véritables apôtres de notre campagne, on pourra, sans doute, arriver à composer, pour l'usage de notre Académie, un petit Manuel du maître antialcoolique, manuel qui ne serait pas une dissertation abstraite, mais qui serait fait d'expériences précises et authentiques, et dont toutes les considérations fournies par les hommes mêmes de la pratique, et de la pratique locale, seraient, à coup sûr, bien adaptées à notre région académique. »

Ce manuel est achevé, et il sera soumis à l'examen du jury. Pour vous le faire connaître, je me bornerai à vous lire les quelques lignes de l'avant-propos et la table des matières.

« Ce volume a une originalité : il n'a pas été fait par son auteur.

« Il se compose presque exclusivement des pensées, le plus souvent des phrases mêmes des instituteurs, des institutrices qui, depuis quatre ans, se sont le plus distingués, au sein de l'Académie de Toulouse, dans la lutte contre l'alcoolisme.

« Chaque année, en effet, le Conseil de l'Université a reçu des centaines de rapports. Un récent concours lui a valu neuf mémoires. Il a suffi de dépouiller ces nombreux et riches documents, d'extraire, de choisir, puis de classer et d'ordonner. Un petit Manuel s'est ainsi trouvé composé tout seul, Manuel dont on peut dire ce qu'un instituteur a dit de son mémoire : « Toutes les idées ont été soumises à l'épreuve de la pratique et de la pratique locale. »

« N'y a-t-il pas lieu d'espérer que toutes ces idées venues de la pratique seront faciles à remettre en pratique ? »

Et voici la table des matières :

LIGUE NATIONALE CONTRE L'ALCOOLISME.

LES LIGUES CADETTES

ET

LE PETIT *MANUEL DU LIGUEUR.*

CHAPITRE I. — *Les Motifs.*

1. Le danger national.
2. Les nations étrangères.
3. L'appel du Gouvernement.
4. Le devoir de l'instituteur.
5. L'intérêt de l'instituteur.

CHAPITRE II. — *La Ligue cadette.*

1. Insuffisance des conférences.
2. Nécessité et insuffisance de l'enseignement.
3. L'association et la Ligue.
3. La Ligue et les enfants.
5. La circulaire ministérielle.
6. Psychologie de la Ligue cadette : 1. L'instinct d'initiative; 2. Le sentiment de l'honneur; 3. L'éducation de la volonté.
7. La Ligue et la famille.
8. Fondation de la Ligue : 1. Préparation; 2. Création; 3. Cotisation; 4. Organisation.

CHAPITRE III. — *Les Obstacles.*

1. Le maître d'école.
2. La famille.
3. Le cabaretier : 1. Le marchand de vin; 2. Le mastroquet.

CHAPITRE IV. — *Les Objections.*

1. Nous ne sommes pas menacés.
2. Modération et non abstention.
3. La crainte est immorale.
4. On ne s'adresse qu'aux tempérants.
5. Les enfants ne doivent pas prendre d'engagement.

CHAPITRE V. — *La Ligue cadette dans les écoles de filles.*

CHAPITRE VI. — *La Ligue cadette dans les collèges, les lycées et les Facultés.*

CONCLUSION.

On peut, semble-t-il, espérer que ces quelques pages, suivies : 1° d'une très courte statistique, indiquant la situation antialcoolique de l'Académie ; 2° d'un modèle de règlement ; 3° d'un extrait, du catalogue de la Ligue nationale, avec indication des brochures, des ouvrages, des tableaux, des appareils, des prix et des adresses nécessaires, fourniront aux instituteurs et aux institutrices tous les renseignements utiles à la fondation d'une Ligue cadette.

II.

Après quoi, Messieurs, je suppose que vous estimez ce rapport fini. Vous avez institué trois enquêtes ; je vous ai rendu compte des résultats de ces trois enquêtes. N'est-ce pas tout? et, en tout cas, n'est-ce pas assez?

J'ai le regret de vous confesser que ces trois enquêtes, et leurs résultats, fournissent seulement l'introduction de mon rapport, comme son point de départ, et, une fois de plus, j'ai besoin de toute la dose annuelle de votre patience.

En effet, ces trois enquêtes nous orientent et nous outillent. Nous connaissons bien désormais notre terrain, ses points forts et ses points faibles. Reste à opérer. Nous avons en main tous les outils ; reste à travailler.

Comment? Nous bornerons-nous à répéter les appels que nous avons lancés depuis quatre ans et qui, sans doute, auront bientôt reçu à peu près toutes les réponses qu'ils pouvaient spontanément recevoir ?

Messieurs, dans toute lutte, qui reste stationnaire recule. Il faut avancer ; il le faut surtout dans les luttes morales, sociales, livrées sur le sol mouvant, si ce n'est dans la boue, des passions et des habitudes coupables. Il faut avancer, si l'on ne veut s'enliser et disparaître. Et l'idée toute simple m'est venue : il y aurait grand profit à appeler à notre aide les Universités voisines en instituant une exposition antialcoolique pour les quatre Universités du Midi : Bordeaux, Toulouse, Montpellier et Aix. Partout, en effet, la lutte se poursuit, mais par des méthodes différentes. Il serait excellent de comparer, par la vue et par l'étude, ces méthodes, non pas précisément pour les unifier, mais pour les enrichir les unes par les autres et pour tenter ainsi un effort mieux combiné, à la fois plus vaste et plus intense. L'espoir serait moins chimérique d'arriver à créer un mouvement, peut-être un courant fécond.

Mais serait-ce suffisant? Certaines objections se comprennent. Vaut-il la peine de déranger ainsi quatre Universités et quatre Académies ? Et puis, finalement, cette question de l'alcoolisme ne commence-t-elle pas, malgré son importance, à paraître étroite, monotone, rebattue ? N'y aurait-il pas lieu de la renouveler et de l'étendre ?

Certainement, d'autant plus que ce qui est désirable est facile. Il suffit de se pénétrer suffisamment de la vérité des deux axiomes qui, ces derniers temps, ont été de plus en plus admis par tous les antialcooliques : « C'est sur le zinc que se prend la phtisie », ou encore et mieux : « L'alcoolisme fait le lit de la tuberculose. » Et j'arrive ainsi au but principal de ce rapport.

III.

Un fait, uniquement universitaire, et qui relève strictement de la rubrique de nos budgets : « Œuvres dans l'intérêt des étudiants », a inopinément provoqué mes réflexions, puis mes préoccupations, et m'a invité à faire ce pas en avant, je veux dire à vous proposer de le faire.

L'année dernière, un de nos étudiants est tombé malade, frappé aux poumons. Il a fallu l'envoyer dans un sanatorium, et immédiadiatement la difficulté s'est révélée grande.

Voici, en effet, la situation. Actuellement, en dehors des deux sanatoriums populaires d'Angicourt et d'Hauteville, et des salles de l'hôpital Boucicaut, nous ne possédons que des sanatoriums pour riches, c'est-à-dire avec une dépense minimum de 15 francs par jour. Le dernier historien et statisticien des sanatoriums, Grillot, déclare que le prix moyen est de 20 à 25 francs, et qu'il serait désirable de l'abaisser à 15 francs. Mais, alors même que ce pieux désir serait réalisé, et il le sera peut-être à peu près quand on aura bâti et ouvert le sanatorium de Prats-de-Molo, avec sa pension variant de 12 à 20 francs par jour, alors même, six mois de sanatorium, à 15 francs en moyenne, coûtent 2,700 francs, avec les voyages

3,000 francs, et six mois de cure sont une petite partie de la cure.

Le sanatorium non populaire est donc inabordable pour un étudiant. Hélas! que de professeurs sont étudiants sur ce point!

En effet, notre étudiant malade a dû être envoyé à l'étranger, et encore n'a-t-il pu entrer dans un sanatorium proprement dit. Il a été obligé de se contenter d'une pension (établissement souvent beaucoup moins sûr), où il paie encore 7 francs, sans compter le service médical et quelques extra.

La découverte que j'ai été ainsi forcé de faire est donc celle-ci : Il n'y a pas en France de sanatorium pour la classe moyenne, laquelle, n'étant ni riche ni pauvre, finira par se trouver sur ce point, comme sur quelques autres, la classe déshéritée. Ce n'est pas un sanatorium pour classe moyenne que l'unique et petite pension de Paris où quelques malades sont reçus à 10 francs par jour, sans compter les extra. On peut même penser que, au sens dans lequel nous prenons ce mot, le sanatorium pour classe moyenne n'existe pas davantage en Suisse, où les minima sont de 9 et 10 francs, ni en Allemagne, où la question est à l'étude seulement, et où elle aboutira à un sanatorium, dans lequel les déshérités de la classe moyenne recevront la charité.

Dès lors, Messieurs, que deviendrions-nous si nous étions atteints, si un membre de notre famille était atteint? Je me suis représenté la terrible situation de nos étudians et la nôtre. Pour combien d'entre nous, il y aurait lieu de choisir entre le danger, peut-être la mort d'un bien-aimé, et la gêne, peut-être la ruine de notre famille? Nous préfèrerions certes la gêne, voire la ruine. Mais n'y en aurait-il point parmi nous qui n'auraient pas même le privilège de se laisser aller à cette préférence? Que d'angoisses, que de désespoirs secrets!

Ainsi la question se pose : Pourquoi ne pas fonder des sanatoriums pour classe moyenne? et d'une manière plus précise : Pourquoi l'enseignement secondaire et l'enseignement supérieur ne fonderaient-ils pas un sanatorium pour leurs maîtres, leurs familles et leurs étudiants, sans exclure les maîtres de l'enseignement primaire?

L'enseignement primaire, vous le savez, vient de nous donner l'exemple. Les 26 et 27 septembre 1901, un congrès de délégués des Sociétés de secours mutuels d'instituteurs et d'institutrices, réunis à Paris, a décidé, à l'unanimité, de créer un sanatorium de cents lits, lequel, recevant seulement les malades du premier degré et les gardant quatre mois, pourra. espère-t-on, soigner chaque année le tiers, le tiers curable, des instituteurs tuberculeux, soit trois cents sur mille.

Cet exemple, nous n'avons qu'à le suivre à notre façon, et voici comment je définirai le sanatorium dont le besoin me paraît le plus urgent, en même temps que la possibilité la moins contestable : un sanatorium, ni œuvre de charité, ni spéculation financière, un sanatorium *à prix coûtant*, dont la devise serait : ni déficit, ni bénéfice! Tel est, Messieurs, la devise, le principe fondamental, pour lequel je ne prends point de brevet d'invention, mais sur lequel je me permets d'attirer toute votre attention.

On procéderait comme pour les maisons ouvrières à bon marché. Une société, formée d'universitaires ou patronnée par l'Université, emprunterait à 3 1/2, même à 4 % le capital nécessaire à la construction. Les maisons ouvrières ont la réputation, légitime je crois, de n'avoir jamais fait perdre un centime à leurs constructeurs avisés et philanthropes. Il est très certain que la sécurité des capitaux serait beaucoup plus grande encore pour un sanatorium de classe moyenne, surtout d'après notre système du *prix coûtant*. Et c'est d'eux que M. Grillot aurait deux fois raison de dire : « De tels établissements ont beaucoup d'avenir en France. »

On calculerait ensuite le prix de revient global, intérêt, service médical, nourriture, etc., etc., absolument tout, et on ferait payer au malade la journée, juste ce qu'elle coûterait à la Société, pas un centime de moins, pas un centime de plus.

Me demanderez-vous à quels chiffres on aboutirait ainsi? Je ne puis répondre que sous bénéfice d'inventaire, sans garantie... du gouvernement et encore moins de ma bourse. En ce moment même, deux ou trois médecins et un architecte de mes amis étudient, avec leur compétence professionnelle, quelques plans et quelques budgets de sanatoriums, et, au moment voulu, j'espère pouvoir préciser et certifier. Toutefois, mes propres recherches, et surtout mes conversations avec plusieurs spécialistes en Suisse et en France, me font penser qu'on pourrait avoir un lit pour 5,000 francs (soit pour les 50 lits, par lesquels on commencerait le sanatorium, 250,000 francs), et qu'on pourrait donner la journée au maximum à 7 francs, peut-être à 6 francs. On admet, en effet, que la moyenne de la journée, dans un sanatorium populaire, est de 3 fr. 50 à 4 francs. Peut-être que 2 francs de plus suffiraient.

Naturellement, pour la misère en habit noir et en robe de soie, il ne serait pas interdit, si la solidarité universitaire voulait s'affirmer, d'avoir un certain nombre de lits à prix réduit, et compensé par une pension.

Je me demande, Messieurs, si un pareil sanatorium, maison de santé analogue à la maison ouvrière, ne faisant rien perdre à personne et permettant à beaucoup de beaucoup gagner, si un pareil sanatorium, sécurité et peut-être espérance de tant de nos familles, ne serait pas un bienfait.

C'est une question, Messieurs, une simple question. M'en voudrez-vous de la poser?

IV.

Et m'en voudrez-vous davantage, Messieurs, si après vous avoir parlé d'abord de notre intérêt universitaire, je ne crois pas devoir éviter de vous parler de notre devoir? Moins encore, sans doute. Or, ce devoir semble très clair.

On pourrait, en effet, être tenté de nous accuser d'égoïsme. Nous pensons à nous (*prima sibi caritas*) comme les instituteurs ont pensé à eux. C'est notre droit. Mais les autres tuberculeux de France, ces cent mille au moins qui restent, quand on a défalqué les riches et la classe moyenne? Pour eux, rien? Ne nous associerons-nous pas à la grande pitié qui a fini par émouvoir tant de cœurs, de telle sorte qu'on ne peut plus prendre une information relative à la tuberculose sans apprendre qu'on projette la création de quelque sanatorium populaire?

Le devoir incontestable de l'Université est non seulement de s'associer à ce mouvement, mais de l'éclairer, et, par cette lumière, de le diriger, car il risquerait d'aboutir à des déceptions et à des désillusions dangereuses.

Le sanatorium, parfait pour les riches, pour la classe moyenne, est très utile pour la classe populaire. Cependant, au point de vue social, il soulève certaines objections non sans gravité et de diverse nature. Des spécialistes n'ont-ils pas demandé (ne touchons qu'à cette objection financière) un milliard 800,000,000 pour bâtir, 875 millions annuels pour entretenir les sanatoriums? C'est sans doute exagéré. Toutefois, si l'on admet que sur le contingent annuel des 150,000 tuberculeux de France, 100,000 sont pauvres et doivent être hospitalisés; si l'on admet que la cure doit être de quatre mois et qu'ainsi les 100,000 tuberculeux réclament 33,000 lits; si l'on admet que ces 33,000 lits, à la condition encore de ne pas suivre les errements d'Angicourt et d'Hauteville, reviendront, avec le minimum de 5 à 6,000 francs le lit, au moins à 200 millions; si l'on admet enfin qu'un tuberculeux pauvre coûte au moins autant par jour d'assistance que d'hospitalisation, soit 8 francs, sans rien compter pour sa convalescence; si l'on admet tout cela, et rien de tout cela n'est contestable ni contesté par aucun spécialiste, il en résulte que les 100,000 tuberculeux exigeront, outre une première mise de fonds de 200 millions, une dépense annuelle de 33,000 lits pendant 365 jours, à 8 francs le lit par jour, soit environ 100 millions. Le tout au minimum. Quand la France pourra-t-elle subvenir à de pareilles dépenses?

Et en attendant?

Certes, Messieurs, nous n'approuvons pas les conclusions que le socialisme, avec sa logique outrancière, tire de ces faits et de quelques autres quand il veut détourner les classes populaires « de toute lutte contre la tuberculose ». Nous estimons, au contraire, que les villes, les départements, les sociétés doivent s'efforcer de construire des sanatoriums populaires. Mais nous n'hésitons pas à affirmer, avec les socialistes, que la tuberculose est essentiellement une maladie sociale, et que le sanatorium n'est pas le vrai remède social contre la tuberculose.

Le sanatorium peut guérir, c'est-à-dire réprimer la maladie dans certains cas particuliers. C'est beaucoup, individuellement, que l'individu soit un patron ou un ouvrier, un riche ou un pauvre; mais ce n'est pas assez socialement. Socialement, il faut prévenir la maladie. Le traitement social, c'est la prévention par l'hygiène personnelle et domestique, par la désinfection. Or, ce traitement préventif dépend des connaissances populaires. Et c'est ainsi que se détermine le rôle, le devoir de l'Université. Elle, et elle seule, peut répandre dans la nation entière les idées qui permettront de lutter avec espoir et même certitude de succès; les idées qui préserveront le public et les familles, en créant simplement les habitudes nécessaires; les idées qui entraîneront tous les hommes de cœur aux initiatives les moins dispendieuses et pas les moins efficaces, dispensaires antituberculeux, pavillons hospitaliers, et même les idées qui surtout créeront un courant d'opinion et forceront la main aux représentants du peuple, aux gouvernements, et produiront la législation préventive, seule salutaire, le vrai remède social.

Sans sanatorium proprement dit, l'Angleterre, en qui s'est incarné le système préventif, a fait baisser le taux de sa mortalité par la tuberculose, plus encore que l'Allemagne, en qui s'est incarné le système répressif avec tous ses sanatoriums. De telle sorte que la maladie terrible est cependant à la merci du pays qui, profitant de ces expériences, combinera le mieux les deux méthodes et surtout poussera le plus loin la première, la méthode préventive.

Dès lors, Messieurs, vous prévoyez ma conclusion. Elle semble s'imposer à tout esprit réfléchi. C'est l'Université qui doit prendre en main la lutte contre la tuberculose comme elle a pris en main la lutte contre l'alcoolisme. A l'Université d'introduire dans tous les programmes de l'étude nationale un enseignement antituberculeux, absolument comme elle y a introduit un enseignement antialcoolique, afin que tout Français, homme et femme, apprenne dès l'enfance que la tuberculose, la plus terrible des maladies contagieuses, se trouve être en même temps la plus évitable, la plus guérissable, tout comme il apprend, et apprendra de plus en plus, que l'alcool est un poison. Il n'y a aucune difficulté; les deux fléaux, alcoolisme et tuberculose, ont de tels rapports qu'il suffit d'ajouter quelques mots aux programmes existants.

En conséquence, Messieurs, et en résumé, je me permets de proposer à votre délibération la proposition suivante :

Le Conseil est disposé à provoquer cette année, à *Toulouse*, la réunion d'un congrès universitaire et régional des quatre Universités du Midi pour la lutte contre l'alcoolisme et la tuberculose. — A ce congrès serait annexée une exposition antialcoolique et antituberculeuse, et il aurait à examiner les trois questions suivantes :

1° Comment généraliser et fortifier la lutte antialcoolique dans nos quatre Universités et Académies?

2° Y a-t-il lieu de créer un sanatorium, à prix coûtant, pour l'enseignement secondaire et l'enseignement supérieur?

3° Comment procéder pour introduire dans le programme de toutes nos écoles l'enseignement antituberculeux, à côté et au même titre que l'enseignement antialcoolique?

Je vous prie, Messieurs, de bien remarquer que tous les projets dont l'apparition successive, dans ce rapport, a pu vous paraître un peu effrayante, se réduisent en réalité *à l'initiative d'une consultation*. Et, écartant pour le moment toutes les questions pratiques des voies et moyens, les réservant, s'il y a lieu, pour votre examen ultérieur, c'est uniquement cette initiative que je vous demande de décider.

Vous m'excuserez, Messieurs, si, en finissant, je me permets de vous soumettre une double considération en faveur de cette initiative.

D'abord, nous ne sortirions pas du domaine le moins contestable de nos intérêts et de nos devoirs professionnels, au sens simple, étroit; nous répondrions seulement à l'appel pressant du Ministre de l'Instruction publique :

« Ce n'est pas assez, a-t-il dit, de pousser le cri d'alarme; il faut agir vigoureusement.

« L'Université est désignée pour mener cette croisade. Dépositaire de nos traditions nationales, responsable de la valeur intellectuelle et morale de la nation, elle doit conserver le dépôt sacré qui lui est confié, et défendre son œuvre d'instruction et d'éducation contre le péril mortel qui la menace.

« Je fais appel non seulement à la bonne volonté de ses membres, mais encore au sentiment si élevé qu'ils ont de leur devoir envers la démocratie et à toute l'ardeur de leur patriotisme. »

Sans doute, M. le Ministre ne parle encore que de l'alcoolisme; mais on m'accordera certainement que ce qui est vrai d'un fléau social est vrai, *a fortiori*, d'un autre fléau social, son horrible frère jumeau, et qui, d'après un chiffre donné ces jours-ci, fait chaque année deux fois plus de victimes.

Mais surtout, Messieurs, en prenant cette initiative (et c'est ce que je tenais à dire), le Conseil obéirait à ses intérêts, à ses devoirs professionnels, au sens le plus large et le plus noble, c'est-à-dire le plus vrai.

Nos adversaires nous ont quelquefois reproché de nous isoler du pays, de nous enfermer dans nos cabinets, dans nos laboratoires, d'employer tout notre temps à des abstractions plus ou moins érudites, sinon plus ou moins métaphysiques. En soi, le reproche est singulièrement mal fondé. D'où provient, en effet, toute réalité, sinon de ces prétendues abstractions? Quel est l'homme qui a le plus fait pour la richesse, pour le bien-être de la société, sinon le savant qui a passé des années dans son cabinet ou dans son laboratoire, poursuivant cette abstraction qu'on appelle une loi, et qui, l'ayant trouvée, fait sortir de la terre grossière d'une cornue ou de la chair putréfiée d'un cadavre des flots d'or et des souffles vivifiants de santé universelle, témoins les Berthelot et les Pasteur? Mais, enfin, Messieurs, ce reproche d'un détachement, d'une dépréoccupation par trop égoïste a pu être parfois justifié. Le cabinet et le laboratoire ont pu quelquefois devenir la tour d'ivoire, blanche et haute, d'où l'on regarde, d'où l'on ne regarde même pas les luttes et les souffrances de la société.

Eh bien, Messieurs, voici des questions aussi sociales que scientifiques et même dans la solution desquelles la science est appelée à jouer le premier rôle, spécialement la question de la tuberculose. Car si l'on comprend à la rigueur que l'on s'alcoolise par plaisir, au risque de se tuer, et que la lutte contre l'alcoolisme ait besoin d'être une lutte de la volonté, il est difficile de croire qu'on se tuberculise par plaisir, à la seule fin de souffrir, de tousser, de cracher et de mourir. Il est donc difficile de ne pas croire que la vraie connaissance de la maladie, de sa nature et de ses remèdes, suffirait pour sa guérison.

De telle sorte, Messieurs, qu'au nombre de ces questions sociales qui divisent tant de Français et qui, si nous voulions les traiter dans cette salle, nous diviseraient nous-mêmes, et sans doute vivement, il se trouve que la question la plus importante, la plus centrale, de laquelle dépend chaque année la vie, il faut dire la mort de cent cinquante mille de nos concitoyens, et dont les répercussions sont les plus nombreuses et les plus profondes dans tout l'organisme social, il se trouve, dis-je, que cette question est en même temps la plus capable de faire l'unité de nos sentiments dans l'unité de nos idées, et l'unité de notre action sociale dans l'unité de nos connaissances scientifiques. Sans contestations ni récriminations, nous pouvons travailler à faire disparaître ces bouges et ces bagnes où est censé vivre, c'est-à-dire où se démoralise et dépérit le demi-million d'alcooliques et tuberculeux français ; à réaliser, avec un minimum de dépenses, les plus importantes et les plus légitimes revendications des classes ouvrières ; à prêcher, en un mot, et à opérer, en quelques années, une transformation sociale autrement profonde, féconde et radicale que celle produite par l'adoption de la journée de huit heures, ou par la déclaration de la grève générale.

Voilà pourquoi, Messieurs, sans vouloir décourager aucun politique, ni même aucun politicien, d'étudier et de discuter les théories, les hypothèses scientifiques du socialisme, j'aimerais que les intellectuels donnassent cette leçon de choses et indiquassent cette manière, la plus pratique, d'aborder et de résoudre la question sociale. Et pour le moment, il me suffirait qu'en prenant la simple initiative de la consultation que je lui propose, notre Conseil voulût une fois de plus encourager publiquement les bonnes volontés, celles qui, sauvant beaucoup de corps, voudraient refaire beaucoup d'âmes. *In corpore sano, mens sana.*

Toulouse, Imprimerie Édouard Privat, rue des Arts, 16. — 605

IMPRIMERIE ET LIBRAIRIE ÉDOUARD PRIVAT

45, RUE DES TOURNEURS, 45

Envoi franco dans toute l'Union postale, contre mandat-poste ou valeur sur Toulouse.

BIBLIOTHÈQUE MÉRIDIONALE

PUBLIÉE SOUS LES AUSPICES DE L'UNIVERSITÉ DE TOULOUSE

La *Bibliothèque méridionale* publie des travaux & des documents de tout genre relatifs à l'histoire, à la langue & à la littérature du Midi de la France & des pays voisins : Italie, Espagne, Portugal. Elle forme deux séries distinctes au point de vue du format : la première série, petit in-8°, est plus spécialement consacrée à l'histoire littéraire; la seconde, grand in-8°, à l'histoire.

EN VENTE :

PREMIÈRE SÉRIE, tome I. *Poésies complètes de Bertran de Born*, publiées dans le texte original, avec une introduction, des notes, un glossaire & des extraits inédits du cartulaire de Dalon, par Antoine THOMAS, chargé du cours de philologie romane à la Sorbonne. — Petit in-8°. — Prix : 4 francs.

PREMIÈRE SÉRIE, tome II. *Première partie des Mocedades del Cid de Don Guillén de Castro*, publiée d'après l'édition *princeps*, par Ernest MÉRIMÉE, professeur de langue & de littérature espagnoles à la Faculté des Lettres de Toulouse. — Petit in-8°. (*Epuisé.*)

PREMIÈRE SÉRIE, tome III. *Les Mystères provençaux du quinzième siècle*, publiés pour la première fois, par MM. JEANROY, professeur à la Faculté des Lettres de Toulouse, et H. TEULIÉ. — Petit in-8°. — Prix : 7 francs.

PREMIÈRE SÉRIE, tome IV. *Le troubadour Guilhem Montanhagol*, par Jules COULET, agrégé des lettres, ancien élève de l'Ecole normale supérieure & de l'Ecole pratique des hautes études. — Un vol. petit in-8°. — Prix : 5 francs.

PREMIERE SÉRIE, tome V. *Les comptes consulaires d'Albi*, par A. VIDAL, lauréat de l'Institut, secrétaire de la Société des Sciences, Arts et Belles-Lettres du Tarn. — Petit in-8°. — Prix : 5 francs.

PREMIÈRE SÉRIE, tome VI. *Juan Ruiz, arcipreste de Hita. Libro de buen amor*, texte du XIVe siècle publié pour la première fois avec les leçons des trois manuscrits connus, par Jean DUCAMIN, agrégé de l'Université, professeur au collège de Castres. — Petit in-8°. — Prix : 20 francs.

DEUXIÈME SÉRIE, tome I. *Documents pour l'Histoire de la Domination française dans le Milanais* (1499-1513), publiés par L.-G. PÉLISSIER, professeur à la Faculté des Lettres de Montpellier. — Un volume grand in-8°. — Prix : 7 fr. 50.

DEUXIÈME SÉRIE, tome II. *Inscriptions antiques des Pyrénées*, par Julien SACAZE. 468 inscriptions dont 350 gravées d'après les monuments originaux. — Un fort volume in-8° raisin de 600 pages, imprimé sur beau papier. — Prix : 20 francs.

DEUXIÈME SÉRIE, tome III. *Gaston IV, comte de Foix, vicomte souverain de Béarn, prince de Navarre*, 1423-1472, par Henri COURTEAULT, archiviste aux Arch. nat. — Un vol. gr. in-8°. — Prix : 7 francs.

DEUXIÈME SÉRIE, tome IV. *Les Institutions politiques et administratives du pays de Languedoc du XIIIe siècle aux guerres de Religion*, par Paul DOGNON, ancien élève de l'Ecole normale supérieure, professeur à la Faculté des Lettres de Toulouse. — Un vol. grand in-8°. (*Epuisé*).

DEUXIÈME SÉRIE, tome V. *Quelques préliminaires de la révocation de l'Edit de Nantes en Languedoc*, par P. GACHON, prof. à la Faculté des Lettres de Montpellier. — Un vol. gr. in-8°. — Prix : 7 francs.

DEUXIÈME SÉRIE, tome VI. *La Réforme en Béarn*. Procès-verbal de la ferme et de la vente des biens saisis dans les cantons de Morlàas, Lembeye, Montaner, Garlin et Thèze, par M. l'Abbé V. DUBARAT, aumônier du Lycée de Pau. — Un vol. gr. in-8°. — Prix : 7 francs.

VIENT DE PARAITRE :

DEUXIÈME SÉRIE, tome VII. *L'Impôt sur le revenu au dix-huitième siècle, principalement en Guyenne*, par Marcel MARION, professeur à la Faculté des Lettres de l'Université de Bordeaux. — Un volume grand in-8°. — Prix : 6 francs.

www.ingramcontent.com/pod-product-compliance
Lightning Source LLC
LaVergne TN
LVHW011505170726
843501LV00009B/3607

* 9 7 8 2 3 2 9 6 2 9 5 7 5 *